그리움의 무늬

시아현대시선 024

그리움의 무늬
유재봉 시선집

인쇄일 | 2025년 06월 20일
발행일 | 2025년 06월 25일

지은이 | 유재봉
펴낸이 | 김영빈
펴낸곳 | 도서출판 시아북(詩芽Book)

출판등록 | 2018년 3월 30일
주소 | 대전광역시 동구 선화로214번길 21(3F)
전화 | (042) 254-9966
팩스 | (042) 221-3545
E-mail | siab9966@daum.net

값 15,000원

ISBN 979-11-94392-34-7(03810)

---

* 저자와의 협의에 의해 인지를 생략합니다.
* 잘못된 책은 바꿔드립니다.
* 본 사업은 2025년 **대전문화재단**의 사업비 일부를 지원 받아 발간하였습니다.

그리움의 무늬

유재봉 시선집

책 머리에

글을 좋아하기 시작한 것은 초등학교 4학년 때 어쩌다가 문예반에 들어갔는데, 관찰일기를 써보라고 해서, 박을 심고 매일 차례로 잎의 길이, 넓이를 재고, 총 길이를 자로 재어 쓴 것 뿐인데, 잘 썼다고 칭찬을 받았고, 중학교에 들어가니 국어선생님이 일기를 매일 쓰라고 하여 꼬박 쓰면서 글을 쓰기 시작했다.

특히 고등학교 1학년 때부터, 월남 전쟁에 한국이 참전하면서, 문화방송에서 여름 밤 11시가 되면「한밤의 음악편지」란 라디오 프로에 월남에 파병 간 장병과 한국에 있는 여자친구와 나눈 편지 내용을 방송하는 것을 들었는데, 그 사연이 얼마나 꿀 같이 아름다웠는지 공책을 내놓고 그림 같은 사연을 적는 것이 아주 재미를 들려서 메모를 3년 가까이 했다.

공주교육대학에 들어가 1967년 공주교대 2학년에 올라가서, 초등학교 때부터 활동했듯이 특별활동에 문예반에 들어가 활동을 하면서『석초 문학』이라는 동인에 참여하여, 시화전을 앞두고 시를 써본다고, 아카시아라는 제목의 시를 쓰기 위해 아카시아 가지를 꺾어서 하숙방에 놓고 시를 써 본 것이 처음이며, 시화전에 낼 시를 제출하고, 선후배가 한 자리에 모여 합평회에 참여함으로부터 시작되었다.

그 당시에는 공주교육대학에 전국적으로 유명한 교수님들의 강의가 문학에 대하여, 아편을 바른 듯이 신통한 인생거리가 되게 한다는 호감을 느끼도록 하여, 매혹에 빠졌다.

특히 술 한 잔을 하면, 평시 감정 보다 더 시적 감성에 빠지므로, 한 편이라도 써보려고 사방을 두리번거리며, 정말 좋은 시를 쓰려고 메모 습관을 들이고, 시를 써 보려고 애를 썼는데, 머리 속으로 지나가는 생각이나 느낌을 무조건 시로 써 보면서, 지우고 또 쓰는 것을 생활화하였다.

그 후로 1968년 초등학교 교사가 되어 근무하면서 별로 쓰지 못하다가, 중등학교 국어교사가 되는 길을 찾다가, 1977년 숭전대학교 국어교육과에 편입하여 다녔고, 1980년에 졸업하고, 처음 국어교사가 되어, 가는 학교마다 학교로 오는 글짓기 작품을 내라는 공문이 오면, 모두 맡아서 아이들을 모이게 하고, 말로 글을 지어 들려주고난 후에, 제출할 작품을 써오도록 하고, 개인별로 지도하고, 또 백일장이 있으면 나가기 몇 일 전에 모이게 하여, 말로 지어보여 주면서 학생들의 경험 속에서 찾아 정리하여 보도록 하고, 참여시켜서 많은 성적을 올렸다.

근무하는 학교마다, 연말에 일 년 동안 잘 지었던 작품을 모두 모아, 컷도 넣어 문집을 만들어 배부하고, 학교신문도 만들어 글 싣는 장소도 만들어, 학생들에게 의욕을 불러일

으켰다.

 1977년 부여에서 대전으로 들어와 근무하게 되었는데 한성기 시인님이 한 두 명 시를 가르쳐서 현대문학 지에 등단시켰는데, 선배인 이장희 형이 나를 천거하였으나, 습작이 너무 부족하여 준비하고서 한다고 사양하였다.

 그 후로 습작을 많이 하게 되었고, 대전대 문예창작과 교수였던 박명용 교수를 만나, 3년 여에 걸쳐 한 달에 한 번씩 쓴 시를 보여주고, 개인 지도를 받다가, 1989년 7월에 서울 『시대문학』(성춘복)에서 신인상으로 등단하여, 동인지 활동도 하면서 시집 9권을 출간하였고, '대전 시인협회장 상', '한국문학시대 대상', '백지문학상', '대전시문화상(2024. 12. 4.)' 등을 받았다.

 1981년에는 충남대학교 교육대학원(국어교육전공)에 입학하여, 그 당시 대전에서 시를 잘 쓰는 원로 최원규 교수님을 만나 시학강의를 아주 진독하게 깊고 많이 받아서, 시를 쓰는 데 아주 좋은 배움의 기회가 되었다.

 2023년부터 유튜브에 올려 시를 좋아하고 써 보려고 하거나, 감상하기를 좋아하는 사람들을 위한 활동을 해보려고 하여 배우다가, 만들기는 했는데 올려지기가 되지 않아서 2년을 헛된 일만 하였다.

 2025년 2월부터 유튜브를 쉽게 만들고, 쉽게 올리는 것을 배워서, 유튜브를 열고, 돋보기를 누르고, 검색창에 '시연못'이라고 치면, 제 콘텐츠가 나와서 제 시를 감상할 수 있게 되었다.

2025년 올해에 제 시전집을 만들고 그 중에서 나아보이는 시를 골라 시선집을 만들어,『그리움의 무늬』가 탄생하게 된 것이다.
　제 작품이 별로 훌륭하지는 않지만, 한 구절이라도 시적 변용이 되어 시를 써 보려 하는 이들에게 조금이라도 앞선 발자국이 되는 시와, 감상을 좋아하는 이들에게 삶의 보람과 기쁨을 줄 수 있는 자양분이 있는 시를 많이 써 보려고 한다.
　앞으로 좋은 시를 많이 써서 책으로 내고, 유튜브에 올리는 것을 필생의 목표로 하고 살 것인 바, 독자들이 사이클을 계속 제게 맞추어 주고 격려해 주시면, 불같은 열심으로 좋은 작품으로 보답하려 한다.
　그동안 나를 지켜주고 격려해준 가족 친지들에게 고마움을 전한다.

2025년 6월

玉泉　유재봉

■ 차례

책 머리에　004

1부
아침 햇살

아침 햇살　015
사랑 I　017
약속　018
바닷가 오두막집　020
수틀　022
희망　024
벚꽃 피는 밤　026
탈춤　028
노래　030
겨울 바다　032
한 장의 그림　034
중환자실에서　036
녹슨 탱크　038
그림자　040
옹이　042
가을 강둑에서　043
어둠이 내리면　044
먼 길을 오면서　047
꽃 자리　048
빨래 집게　050

2부
요리하는 여자

요리하는 여자	053
신원사	056
산 I	058
범종소리를 들으며	060
여행	062
편지 I	064
산사	066
황혼	068
늦가을	070
뱀사골의 밤	072
이 가을에	074
돌 II	076
중촌교를 건너며	078
눈 오는 날의 풍경화	080
새벽 대포항	082
낙인	084
갑사의 어스름	086
가을 냇가에서	089
옥상	092
빨래줄을 보며	093

3부
여울에 빠진 가을

여울에 빠진 가을	097
논둑	099
풀의 공화국	100
몰래 피는 꽃이 더 곱다	102
사랑 II	104
오늘 백제	105
좋은 것	106
가을 I	108
연못	110
연주	112
달밤 II	113
불타는 신전	114
낡은 수첩	116
별	118
나비 II	120
네가 필 때	122
별이 보고 싶다	124
자리를 깔며	126
어스름	127
낙조	128

4부
눈 오는 밤에

눈 오는 밤에 　131
노인 　133
장계 국밥집 　136
천국의 자리 　138
스크리미 　140
웃음 　142
내일 모레가 여든이네 　144
해변 　146
삼월 　148
제야에 I 　150
빈집 I 　152
단풍 II 　154
돌 I 　156
왕촌 I 　158
해뜰 무렵 　160
차를 마시며 　162
도요새 　164
참새 　166
생각 I 　168
돌아오면서 　169

5부
돌담 모서리

돌담 모서리　173
강 I　175
혼자 사랑　176
선물　178
시간　180
얼굴 I　182
묘지 앞에서　184
넝쿨장미　186
꽃 I　188
해후　190
그리움　192
눈을 맞으며　194
종　196
저녁 서대전공원 스케치　198
호박떡 찌기　201
무지개를 보면　204
두레박　205
묵도　207
오월성전　208
낙화　210
암각화　212

1부
아침 햇살

아침 햇살

신의 조각
가장 예쁜 여인이
그리고 싶어하는
속 눈썹

고운 꽃의 설계도
여기서부터 시작된 듯

고요와 부드러움 속
환한 얼굴에 웃음이
철철 넘치네

들리지 않지만
장엄한 칸타타
하늘에 울리네

누가 저 해를
무엇으로 당겨 올리나

오를수록 가볍고
멀리까지 파도가 이네

그 빛으로 꼬아 짠
빛 고운 비단으로
옷 한 벌 해 입으면

누가 입어도 왕의 위엄이
천지에 가득할 것 같다

사랑 I

예쁜 마음이
오랫동안 숙성되어
옥합에 넣었던 것

주고 싶은 사람 찾기 어려워
숨죽이고 몰래 보면서
아꼈던 꿀단지

주기는 줘야 하는데
찾지 못하다가는
속에서 곰팡이 날까
걱정을 많이 했지

내가 가진 것과 같은 걸
오래까지 좋아하고

그가 가진 걸
내가 좋아하는 자를 찾으면
모든 걸 주고 싶은 것

약속

하나의 실을 나누어 잡고
양 끝을 잡고
마음을 같이 먹자고
무지개를 띄웠지

약간 머리를 치는
몇 모금 숨도 길고
표독한 벌칙도 있지

실끝만 안 놓으면
작은 사탕도 달렸지

실을 가지고 오래 살다
어느새 풀려나가
길 바닥에 깔리고 나서는

가끔은 잡았던 실을
잡았던 실을 당겨봐야 하는데

잡았었나 잊으면
문을 닫지

실은 끊어지거나
손에서 놓쳐서 늘어지면
둘의 역할은 없지

가슴끼리 묶어두는
금실의 다리

약한 것 같지만
끊어지지 않는다

바닷가 오두막집

먼데 하늘은 구도의 기둥
물빛이 조용히 하늘거렸다

물새는 하늘을 향해 너울거리고
빛은 투명하게 퍼져나갔다

작은 소라 꼴망대 펄쩍이며
외치던 소리들이 뻘 가득
고함처럼 질펀하다

외딴집 할매는
할배와 살던 때를 바다에 그리며
떠내려가지 않는 기억을 잡고
비틀대던 삶을 오가겠지

망태를 메고
평생 일구던 누더기 삶
그 이랑을 따라 질퍽이며
숨을 고르는 자리

떼풀로 엮은 지붕
비닐 끈으로
가난한 구렁을 메우고
허접스런 바람을 가라앉힌다

하얀 빨래줄에
걸릴 것 없는 빈 마음
바지랑대만 하늘로
치달아 솟았다

별이 쏟아지는 바다는
얼마나 요란할까

물고기들 모두
날개가 나겠지

수틀

부끄런 눈빛이 떨려도
실핏줄 보듯이
드러내고 싶은
숨기고 살았던 마음을
찔러 피를 내며
그리는 아픔도 있었다

꽃을 수 놓을 때
꽃잎에 닿으면
예쁨은 장미 가시로
상처가 날 듯 하지

누가 흘기다가
두 손 모아 비비도록
맛난 고물 떡처럼
침샘에 홍수가 나지

삼베 바닥 같던 마음도
인조에 불이 일어나
꿈에까지 따라오네

가슴에 꽂혀져
아픔으로 잠을 못들다
연못이 되기도 해서
하늘 속 것들 다 넣고

어둔 밤에는 별을 넣어
만국 보석 전시장도 된다

조금 어눌하지만
눈으로만 찔러
환하게 붉히는 시장이다

희망

보이는 것에 날개를 달아
가는 길을 잡아 주기를

좋은 것은 셀 수 없이 많게
보자기에 쌀 수 없게 받기를

오래까지 들고 있어도
무겁지 않은
보석 같은 빛 만들었으면
무겁지 않겠다 하지

구름 같이 흩어지고
무게가 자꾸 바뀌는 걸 알고
가진 것 닦고 더욱 꼭 안으면
사랑이 새끼를 칠꺼야

낚시를 던져 놓으면
오랜 시간을 타고
안 부서질 듯 해야
고기도 놀다가 건드리지

잡히지 않을 듯해 보여도
기다리며 만들어 보면
모양이 생길까

벚꽃 피는 밤

꿈틀거리는 가슴 속
하늘에 싸였던 떡부스러기
그 맛 별빛 되면 보려고
한 날 한 날 기다렸는데

뜨거운 불에 튀어나듯
하늘에 가득한
낯설고 부끄럽고
조요로운 모습

비로소 가슴이 텅 비고
팔다리 모두 향해
외치는 소리 따라
불꽃 피듯 치솟네

이런 날은 높은 것도 없고
잔잔한 리듬을 따라
불꽃 피듯 치솟 걸 보며
내가 제일인 걸
혼자 아네

살면서 가장 높이
한 여름 매미 소리 난다

소낙비 맞고
진꿀에 혀를 대고
떼지 못한다

누구라도 사랑 할 수 있다

세상의 쓴 맛이
어디로 갔나 모른다

탈춤

허세로 가득한 세상
긴 소매자락 내두르며

오던 길 돌려치며
허사로고 허사로고

긴 수염 쓰다듬어
호박단추 덧저고리
긴 담뱃대 고추 세우던

양반님네 별거 아녀
양반님네 별거 아녀

무명적삼 보리밥
김치 한 가지로 살며
호된 시집살이 살아도

중저음 음률로
나풀나풀 미끄러지네

얼굴을 가리고 내 너 얘기
달빛 속에 퉁소 가락
장고로 우당탕탕

부서지고 깨지고
사지를 요동치는 사연
꽃 같고 나비 같네

노래

마음속 연못에서
고운 소리의 실을 뽑아
빨래줄에 널으면
지나던 바람의 품에 안겨
조용히 춤을 춘다

노래말에 꿀을 발라
슬픈 노래도 단맛 나고
사람을 그리는 생각이
샘솟 듯 흘러나온다

보고 싶으면
기다림도 꽃길 되고
좀 더 있다 만나요
여문 함박 사랑으로 핀다

안개꽃도 만들고
작은 풀꽃도 만들어
향내 짙은 마음되고

아플 때 날개가 처질 때도
한 곡 흥얼거리면
단내나게 솟는 울림되고
평화의 종이 울린다

죽으면서 노래를 부르면
천국길도 보이겠지

겨울 바다

멀리 지나는 원양선
굴뚝의 허연 연기

추억을 걷어잡아
꾸역꾸역 집어 넣고
모른 체 쿵쿵 거리며 간다

허공에는 구름도
지어지지 않고

시든 꽃잎들만
모래 사장에
부도난 수표처럼
바래가고 있다

뜨겁게 익어가던
에덴의 사과들

신나게 띄우던
에드벨룬도 다 걷히고

부추기던 음악도 꺼지고

갈매기 꼬리 끝에
조합되지 않는 소리가
의미없이 흩어졌다

파도가 백사장으로
제 속을 다 보여도

남은 것은 텅빈
호주머니 뿐

몇 개의 쓰레기가
돌아간 자들의 소식을
아련히 들리는
떨림으로 얘기한다

한 장의 그림

오페라 분산화음으로
연주되는 햇빛

지평을 만드는 산들이
녹아내리고 있다

집 옆 바다는 사나운 기세로
애증을 짓찧어 대고
물가 바위들이 아프게
닳아가고 있다

빤히 켜진 창마다
달빛보다 환한 빛을 낸다

지붕 위 굴뚝에서
머리를 풀어헤치듯
연기가 초저녁을 태우고 있다

집으로 들어오는 큰길 좌편에
꽃그늘을 이루고 있다

길 옆에 마음을 뉘이는 가드레일
뒷도란으로 난 소로에
리본처럼 너울진 버드나무 아취

해묵은 전설을 따라가 보면
유년까지 보일만한
작으면서 크게 보이는
문구멍만한 길이 보였다

보이지 않는 날
품어보고 싶은
한 장의 그림

중환자실에서

술렁대는 소리
곳곳에서 들린다

이승과 저승의
거리는 얼마인가

허락 받은 순서로
질퍽한 신음이 번지는
병실로 가 보면

잿빛 바람에
부산한 가습기
고압산소가 일으키는
삶의 헛간

들리는 듯
마는 듯한
소리 소리

어젯밤
잠결에서 듣던
뜻 모를 소리를 듣는다

누구는 어제 먼 곳에
잘 갔을까
누구는 헤멜까

누구는 눈을 번쩍 뜨고
조금 더 세월을 기다린다

녹슨 탱크

깃발은 어디 갔는가?

적을 향하여 날리던 훈장 같은
힘센 언어

견장을 새로 달려 했던
구원의 든든한 발톱과

긴 입으로 환희를 쏘아
적군을 귀화시키려 했는데

노래도 부르지 않고
피묻은 비명만 말라 있다

세계를 뻗어가다가
허욕을 확인한 이 자리

센 머리 날리며 이젠
관절염의 다리를 주무르는가

종다리가 봄이 왔다고
녹슨 탱크에 앉아 있다

눈 오는 날
눈도 깔아뭉개고

발소리 죽이며
이념도 밟고
사랑도 깔고

나비처럼
그런 동심으로
한 세대를 짊어졌었지

욕망의 언덕을 오르내리던
어린 날 봄철의 한 마리
큰 나비였느가

그림자

바람이 불어도 흔들리지 않고
불에도 타지 않는

향기만으로 지어진
묵언도 없는 허상

몸이 죽어 땅에 묻혀도
남기지 못하는 허울의 껍질

몰래 따라 다니며
꼬리를 말아 젖히고

밭을 골라
작은 씨 드문드문 뿌리고
가슴의 문 닫겠다

작은 새를 키워
부드런 말을 써서

허공에 뜨는 실상을
띄우고 싶다

옹이

힘들여 빼지 못해서 남은
흉터가 아니다

잊고 싶지 않은지
기억하고 싶어서인지
유전자처럼 지울 수 없고
떼어낼 수 없는 함유물이다

세월을 가다 보면
더욱 굳어지고
단내가 난다

의심스러워 태워보면
연기는 요란하지만
냄새가 향그럽다

떼어낼 수 없는 이유
단단하게 굳어진
마음속 무언가 깊은
사연의 연못

가을 강뚝에서

강뚝에 핀 갈대들이
백발을 풀어 헤치고 운다

강 건너 바람을 향해서
공무도하 공무도하

백수광부의 소복한 아내처럼
온몸을 흔들며 서럽게 흐느낀다

은빛 울음의 진창
마침내 강물이 푸르게 일어선다

그 서러운 꼴을 내려다 보고 있던
하늘마져 온 몸이
푸르게 젖어서 울음 일색

가을이 어깨를 들썩이며
출렁 출렁 떠내려간다

어둠이 내리면

어느 날 세상도
소리 없이 이렇게 닫힐까

소리 없이 잡히지 않는
허상 속 그늘 속으로
시력이 빠져 버려
넘어질 위험에 떨며

오늘 시간의 선로가
잊혀져 몽롱하고
내 자신도 애매하니
내일이 있을까

지금 선 자리가 어찌될지
산길을 한참 가다가

비뚜러진 혼이 잘못된
질서없는 얼굴이 와서
마구 끌어 안을 것 같고

무얼 먹고 살았던가
먹었던 맛도 잊혀 가고

지금 가고 있는 길을
밤 새워 가도 갈 곳이 없고

더 가고 싶지 않고
이러다 우물속 같이
바닥도 없는 곳으로 떨어질까

살아온 밝은 햇살도
돌아서 가고 싶음도
내일 하고 싶은 일도 없다

혼자 살았는지
같이 살아온 것도
기어에서 멀어져 가고

이 꺼풀이 벗겨질 것인지
불안 속 나무처럼
감각을 잊기 시작한다

먼 길을 오면서

색종이 열대어가
교실 유리창에 붙어
헤엄치고 있다

물방울은 없지만
아이들의 말간 눈과
수없는 대화를 나눈다

비늘 아래로
생기가 돈다

운동장 가에는
싹트는 어린 풀들이
쏟아지는 금가루를 받고 있다

먼 길을 돌아온
초등학교 교문 앞에는
아이들이 흘린
웃음조각들이
여기저기 흩어져 있다

꽃 자리

정원을 걸을 땐
바람보다 앞서서 가지 말고
침묵으로 걸어야
꽃들의 애기 들려요

고요로 쌓인 돌들도
눈동자 굴리지 않고
서로 떠 고이고
연주되는 가락에
몸까지 긴장하며 듣지

나비도 여기 와서는
꽃들이 무리진 덤불에서
떼지은 웃음의 폭포를 보며

한 생을 참았던
사랑을 말하듯
입꼬리만 조심 조심
움직거리며 지나요

천국의 너른 광장
만향이 넘치는 자리
정적으로 흔들리는
리듬의 도시

빨래 집게

목에 굳은 철사를 구부려 행위의 틀을 만들어, 남들이 고집이라 할지 모르지만, 한 번 물면 놓지 않고 산다 입으로 더러운 것은 절대 물지 않는다 적어놓지 않았지만 형식적인 일은 하지 않는다 맛난 고기를 먹듯, 그리 재미있는 것은 아니지만, 하루를 물고 있어도 지루하지 않는 것은, 하던 일을 하면서 웃지 않아도, 내가 물고 있는 옷들이 아래로 척 늘어져, 늙지 않는 포즈를 만드는 재미가 있어서다 이것저것 물어보면 싹 트던 불안도 혼자라고, 들끓던 우울도 모두 날아간다 갖가지 냄새도 나지만 그 냄새를 묻히며 산 사람들의 땀을 생각하며, 어느 때는 노래도 나온다 빈 하늘을 물고 있으면, 바람에 날리는 나비도 된다 저녁이면 별을 보며 바람에 끌려 춤도 추며 흔들거린다 공중의 꽃으로 선 줄 아는 나는 교만인가

2부
요리하는 여자

요리하는 여자

서쪽 하늘이 헤륨처럼
잘 익은 오후
한 여자가 요리를 하고 있다.

일상에서 방금
빠져 나와
이제 윤기 나는 파를 보며
거울 속 사람들의 입에
넣어 보기도 한다.

은빛으로 반사되는
여자의 눈빛

주위의 미풍마져
고요해졌다.

국물을 풍직하게 잡고
마지막 조미료를 넣는 순간

운명의 갈림길에 선 듯
잠시 긴장을 했다.

바이올린 현이
가볍게 떨고 있다.

군무가 일어나자
그도 덩달아 춤을 춘다.

후라이팬을 불에 달구면
비로소 교향악이 퍼졌다.

뜨거운 열탕에서
목욕을 한다.

체중도 잊고
발레를 한다.

물기를 털고
시간의 계단을 내려오는

그의 발목에서
방울소리가 났다.

해바라기를 한 묶음
안고 있다.

신원사

눈 내리는 날
신원사에 갔다

큰 은행나무 두 그루
절문 앞에 수북히 옷 벗어 놓고
그 마른 어깨 위로
고요를 몰아 내리던 눈발

눈이 파란 선승들은 두문불출
추녀 밑에 오래
내려서던 산그림자

퍼붓던 눈발 잠시 멈추자
동자승 몇이 돌참에 나와
하늘을 올려다본다.

하늘은 이내 강물처럼 열리고
문설주에 앉았던 눈송이들
제풀에 놀라 사방으로 흩어진다.

혼자 뒷뜨락에 내려 서성거리다
선방 앞에 이르니 햇빛 고인
맑은 고무신 몇 켤레

오래 동안 바라보다가
까닭 없이 눈물 쏟아져

먼 산 따라 소리 없이
물러 나왔다.

산 I

산속에는 누구 것인지
현이 끊어진 바이올린과
찢어진 북이 있다

그 소리를 얻어 가진 것들이
사철 연주를 한다

현이 조금 이어질 때면
가냘프게 나는 소리와
원악보에 가까워져서
악장 구분 없이 연주된다

그 소리로 수꿩의 털빛
독사의 피부 무늬가 그려지고
개구리를 밟은 듯
껌 씹는 소리가 나고
송화가루가 피기도 한다

단풍이 들 때면
조용히 숨죽이고

하늘에서 고운 비가 내려오고

하얀 눈이 올 때면
눈을 딱 감고
숙어가는 소리를 들으며
풍악 울리며 춤추고
하늘로 떠오른다

범종소리를 들으며

큰 일 앞에서
종을 울리면
흩어졌던 마음이
가지런해진다

울림이 심장에 와서
차분히 정좌가 된다

모든 것을 떠나
생각도 다 비우고

돌 속에 갇힌 듯
고요로 굳어지고
조용히 걸을 수 있네

세상 것 다 버리고
입산 할 때 흐느끼던
손수건 다 버려야지

사랑잎이 작은 바람에
조락거리다 어디로 가듯
뜻을 두지 말고

속에서 나오는 고집과
얼굴에 지어보이는 것도
의도하지 말아야지

종소리는 어둠속
생각의 바다로 가는
너른 길이다

어둠 속에서
번뇌와 때를 활활 벗기면

바다 속 같은 침잠 속에 묻히니
열락이 아닐까

여행

깊은 뼈 속까지
긴 못으로 박혀있던
시간들을 풀어 제치고

만 가을 왕잠자리로
하늘에 붕 떠올랐다

관계 속에서 곰팡난
이름들도 다 버리고

소망이란 잡히지 않던
높은 별들도 다 버리고

내 얼굴 같던 고집도
부는 바람 앞에서
가위로 다 잘라버렸다

낯 모르는 얼굴을 하고
낯선 곳 고샅을 다니다

이색 동물처럼 변신하고
타인 같이 하고 온다

편지 I

마음에 피었던 꽃들을
애써 그려서
그에게 나를 그린 그림에
덧칠을 해 달라고
종소리도 매달아 보낸다

다 쓰고 나면
심장의 맥박 소리까지
따라 붙여 갔는지
숨이 가빠 온다

속으로 난 땀과
약한 저체온에
앞으로 수그러진다

꽃으로 느껴서
가슴에 대고 부벼서
그와 따뜻한 손을 잡을지
두려움도 오래 갔다

배고픔은 줄어들고
저녁놀 같은 그리움은
점점 커가는 꿈을 꾼다

한 송이 큰 꽃으로 키울꺼다

산사

도랑 옆으로 꿀럭꿀럭
흘러 가는 시냇물

세월 없이 살아가며
닦아야 한다기에
불경 몇 구절 독경하면

뒤꿈치에 도포자락 휘감겨
거북이 등 같은
북소리가 구겨져
가슴에 쌓이네

큰 키로 솟아오른
구층 석탑 불기운 옆에
핀 듯 진 듯한
속세 꽃 몇 송이

하늘에 흰 구름
이 한 여름에 곱네

낙엽 구르듯
목탁 소리 법당 앞에
또르르 구르면

극락에서 부처님 뵌 듯
불전 앞에 달려가
공경을 다하여
마음의 보석
캐서 드린다

황혼

어떤 황제가 몇 대륙
다 점령하고 지금
승전가를 울리나

강렬한 색깔로 칠하고
가슴에 울리는 노래

그를 듣는 이들 모두
맛보며 기쁨의 모습

그 깊은 붉은 눈동자
노란색을 넘나들며
모두의 옷에 불이 붙었다

제국에 영광을 주고
적토마 타고 산고개를 넘는
저 고함치는 소리에
몸 속으로 파고드는 감격

얼마 있다가 또
달려올거라며 떠나는

약속의 손 흔들며
아련히 떠나가는
깊은 약속만 믿는다

돌아서며 잘 가라
흔들던 손 내리며
서로 사랑하기를 잘 했다고
큰 웃음을 웃었다

밤은 깊은 동굴
촛불은 속세를 쳐다본
검은 때를 태우네

늦가을

도시의 중앙로엔
가로수가 베어져
어두운 하늘에
두려움이 술렁거렸다

마음 약한 이들은
부서져 낮아지는 빌딩 사이를
조심스럽게 걸어갔다

여기에 침투한 자들은
누구인가

내일 아침
관청 옥상에 깃발은
어떤 것으로 바뀌어 걸릴까

오늘 저녁엔
또 한 차례의
진압작전이 있을 것 같다

내일
강제로 끌려가다 벗겨진
신발과 돌부리에 긁힌
살점들을 청소부가 쓸고 있겠다

뱀사골의 밤

박쥐가 선회하는
초저녁 으스름

서늘한 바람에
살모사의 독이 더 오르는
골짜기

어둠은
몇 길로 차 오르고

무료한 새소리
은빛 벌레소리
찐득하게 문지르는 새소리
계곡물에 파랗게 감겨 뒹구는데

여기저기
텐트 속 불들이
메타포로 피었다

길섶에는 한낮의
대화들이 서성거리고

소쩍새 혼자
점을 찍으며
선너머로 멀어져 갔다

이 가을에

칼 빛 서슬의 하늘

밤 새워 사립문을 뒤흔들던
바람도 자고
난간에서 대롱대던
잎새 몇 장이 위태롭다

이끼 낀 돌담도
야윈 몸을 뉘이고
옛 성터의 영화를 생각한다

호수에 드리운
외로운 배의 긴 그림자
물결에 밀리고

스산한 갈대잎이
서걱대며 손을 내민다

먼 길을 떠나야 할
언덕 어느 언저리 쯤

연기가 날리고

하늘에는 멀리 가야하는
구름이 천천히 흐르고 있다

돌 Ⅱ

길모퉁이에서
사색에 빠진 채 앉아 있었다

순후한 바람 만들며
오랜 삶의 무게를 보이는 저울추

햇살을 선연히 펴면서
새를 날리고
잔잔한 음률도 튕겨냈다

꽃을 꽃으로 보게 하고
노래를 노래로 듣게 하며
먼 산까지 흔들리지 않고
별도 보여줬다

수정의 언어는
찰랑찰랑 계곡을 흘러내려
소나무랑 라일락 심고
그늘을 만들었다

해를 만나고
달을 만나고
미소를 만들었다

중촌교를 건너며

기운 시간
무우청의 냇물

긴 비단자락 위로
하늘의 황금마차가
질주해 온다.

물은 온통 금색 주물
남아공의 어느 광산 계곡

시내 양편의 잔디가
소털처럼 바람에
조용히 누이고
물가 갯버들이 흐드기며
웃고 있었다.

물비늘이 좌르르 깔리는 속에
지리한 시간의 추를 드리고
휴면하는 붕어를 낚기 위해
연신 미끼를 갈아 끼우고 있다.

나는 몸을 잔디밭에 뉘고
한참을 뒹굴다가
긴 날개로 평원을 가로질러
비상하는 한 마리
황금 두루미

그들의 등에 금물이
산소용접 불처럼 튀고 있다.

툰드라지대의 이끼 속으로
움츠렸던 나의 분신들이
하루를 누이려 파고들었다.

눈 오는 날의 풍경화

한참이나 흩뿌리던 눈이
낯선 북구의 풍경을 이룬다

털모자 쓰고
콧수염 기르던 이들이
다닐 것 같다

호수를 향한 별장에
보드카에 차이코프스키의
교향곡이 벽난로처럼 타겠다

지난 밤 어둠의 틈새로
권총을 들고 들어온 사나이로부터
흉부에 두 발을 맞고
김이 새는 호흡을 하며

죽음의 공포에 지쳐 선 나는
호주머니를 뒤져
옛 차표를 보고

낭만이라는 허울을
낭비하던 때의
시간에 갇힌다

고속버스 옆으로
자가용 하나가
꼬리를 잡힐듯 달린다

새벽 대포항

고기 손질에
여인들의 손이 바쁘다.

끓을 듯 용솟음치는 고무함박
좌판에 오징어 몇 마리 놓고
아침 잠에 빠진 할머니

오징어잡이 배 발동소리가
시원한 멋을 냈다.

해안 바닥에는 비둘기들이
흘린 조각들을 주워
아침을 채우고 있었다.

떼 지어 부른
갓 낳은 생선알
모양의 유리등

촘촘히 오징어선
물결에 출렁거린다

이방인들이
한가로운 산보를 한다.

낙인

여럿이 섞여졌을 때
알아보기 위해
쇠주걱에 모양을 내어
마음에 불을 달구어

등짝에 흰 연기가
풋썩 날 정도로
뜨거우나 다치지 않고
그 가슴까지만 닿게 해서

질긴 끈으로 이어놓은
혼인식 같은 모양의
꽃 같은 약속

떠나지 못하는 마음과
한 곳에 녹아들어

두 것들이 합해지는
노예로 이름지어져
죽어도 끊어지지 않고

영혼은 모르지만
가졌던 자가
육신이 사라져도
전설로 꽃 피워지는
달디단 아픈 약속

갑사의 어스름

방금 산고개를 넘어간 빛
사방은 농담색 화선지가 되고

길바닥에 솟은 자갈모양이
실루엣보다 선명했다.

어둠을 즐기는 몇 사람
짙은 어둠에 젖으며 지나고

하늘에는 아직 싹 나지 않은 별들이
작은 숨을 새근새근 쉬고

아랫목 포대기속 아기처럼
잠에서 깬 듯 초롱거렸다.

길가에는
수십 년 묵은 늙은 나무들이
짙은 어둔 색 화선지에
묵화로 펼쳐졌다.

해가 더 묵은 나무일수록
묵향이 짙게 났다.

가도 가도 뻗쳐있는
무한의 동양화 회랑

일생 동안
다 그리지 못할
만리장성의 고목화

물소리에 섞여도
젖지 않는 투명한 윤곽

절간에서 들리는
저녁 예불 종소리

더욱 정숙한 시방
고요세계로 빠뜨린 촛불

스님들이 또렷한 걸음으로
사방세계를 가고 있는가?

가을 냇가에서

피라미도 물살을 가르며
올라갈 일이 없습니다

가재는 굴을
더 파야 합니다

시린 다리를 끌고라도
삽질 같은 일을 해야 합니다

물이 가지런히 빗은 듯
기름지게 흐릅니다

산을 그 가슴 속에
안고 있습니다

포근히 잠이 든
산의 호흡이
또 한 바탕
일어설거라고 합니다

아침마다 그리움이 안개로
화약처럼 피어올랐습니다

이제는 더 이상 파이고
아프게 상처가 나도록
덮쳐 흐를 비는 없을 것입니다

이제는 가만 가만
주름진 손잡고 얘기하면서

지나간 그 때를
이야기 하는 일만
둘이는 남은 것을 인정합니다

그래서 이그러진
흉터를 메우기 위해
아름답게 용서를 빌고
용서해야 합니다

이제는 움푹움푹
패인 곳이 메워져야

내년 고목에 봄의
꽃이 달리는 날

새소리가 음악처럼
부산히 연주될 것입니다

우리는 화롯불 다독이며
사랑의 굴레에 씌워짐을
영원히 자랑해야 할 것 같습니다

옥상

 사랑을 할 줄 몰라 가슴만 울렁거리고, 헤어질 줄을 몰라 눈물만 바가지로 흘렸었는데, 늙어 뒷짐 지고 관절염 무릎을 겨우 세우며 올라보니, 허울의 옷 널던 빨래줄과, 몇 번인가 가득 담아보려던 장독들이, 한참 때 나처럼 눈 딱 감고 엎어져 있었네   곱던 것들을 좋아하던 아지매가 기르는 늙은 베고니아가, 허리 굽히고 누런 냄새를 피우네   이리저리로 난 길들엔 자기를 팔아서 남을 사려는 장사도 지나가고, 값싼 폐지를 주워 유모차에 싣고 가는 노인도 보이네   세상 것 다 보려고 안테나들이 줄줄이 집집으로 기어들어 갔네   밤 새워 달려다닌 개인택시 운전사네 집은 한낮에도 에어컨 팡팡 켜고 잠이 덜 깼나 물이 줄줄 흐르네   이곳에 오면 할 것이 여기까지 뿐 더는 안된다는 걸 아네   여기오면 누구한테 욕 먹을 일도 뺨 맞을 일도 없고, 안 되는 일 있으면 혼자 울어도 되네   그리고 내 사랑이 얇았음을 알고 혼자 겸면쩍어지기도 하네   어디로든 다시 날아갈 수 있는 힘이 생기고, 내 마지막 길도 아련히 보이기도 하네

빨래줄을 보며

　물이 뚝뚝 떨어지는 방황과, 혼란한 분신들, 언제 물이 불은 이 험난한 길에서 벗어날지 짐작 못하고, 참담한 불에 데어 달라붙은 껍데기가 극형 같은 망탄스런 모습이다　얼만큼 해가 달려간 후 널린 빨래들을 보면, 각종 새가 되어 하늘을 난다　그 새들은 각자의 삶을 그리고, 때로는 터무니 없는 거짓 모습으로 있다가, 총 맞고 쓰러지는 모습이 하늘로 올랐다 내렸다 하며, 팬티 속에 든 것들도 비쳐 보일 때가 있다　자비한 구름조각들이 얇게 덮이면, 그들은 살 냄새가 나고 무언가 낯선 글씨의 산문을 쓴다　옷 임자들은 지금 벗어놓은 그들의 허울들을 벗어놓고, 다른 모양으로 골목길을 싸돌고 있겠지　돌아와서는 약해졌던 맥박의 힘을 다소 충전시키고, 비틀어지고 낯설어지는 자신을 찾아가겠지　물 한 동이 이고 이들의 옷을 입고 살면, 삶이 더욱 철철 넘치고, 박자 꺾이는 소리가 힘있게 나겠지

그리움의 무늬

유재봉 시선집
Selected Poems of Yu Jae-Bong

3부
여울에 빠진 가을

여울에 빠진 가을

백양사 앞 연못에
술 취한 가을이 빠졌다

조용한 뜨락과
껄껄거리며 웃는 도랑에서
술 냄새가 난다

늙은 화가가 그린
초점이 흔들리는 산수화
아낙들이 비틀거린다

사람들의 따스한 눈빛이
출렁거리며 손을 흔든다

뭐라고 소리치며
하는 소리가
세상 참 좋다는 소리로 들린다

세상에서 들을 수 없는
따뜻한 소리가
실핏줄에까지 스친다

거꾸로 선 나무에
새들 소리는 안들려도
그 온기 속이 좋은가

꼬리를 흔들고 전신을
무용이듯 끄덕인다

실낙원을 그린 것이
복락원이 되었다

논둑

여기는 창세의 원상이 보존된
흑암 이후의 첫 땅

역사의 밤이 아니라도
성장과 기쁨으로 넘치는 자리

거머리가 여기를 기어 넘으면
우렁이 여기를 넘으면
기적이라 하지만
전혀 기적이 아니다.

살 비비며 사는 풀들이 있지만
거품 이는 욕심도 없고
밀어 내치지 않는다.

천분대로 자라고
남도 자라게 하는
큰 어른이 준
의지대로 산다.

풀의 공화국

테니스 코트
심판대 밑
민초의 나라

강한 빛 내리고 있지만
통치의 힘이 나약한
우크라이나 하늘처럼
총성도 나고 국경 밖으로
맹수들도 지나는 곳

때로 주먹비가 오지만
민들레, 냉이, 망초 손을 흔들고
왜소하게 씨족을 이루며 산다

갈대 원뿔 집에서
방어할 칼조차 없는
수평 눈꼬리를 가진
족속의 땅

가슴 깊은 곳에
고인 물속

자유의 물고기가 노니는
자물쇠 없는 문을 단
초록색 국어의
따스한 인정이 흘렀다

뮤즈의 음악까지 들리는
가난한 촌락의 뜰 안

몰래 피는 꽃이 더 곱다

잠을 자듯
눈을 덜 뜨고
얼마간 웃음이 마르더니

너른 하늘 횡하게
손뼉 치며 웃어재낀다

어둠 속에서 여기저기
분 바르고 표정 지으며
자신 있게 소리지르며

가슴까지 펴보이니
아련히 무지개까지 떴다

최고의 인물은
폐병 3기의 얼굴

7도 지진일 듯 아플 때
세상에 서 있기 어려울 때

너울 너머로 몰려올 때
살고 싶은 몸부림이
찬란한 무용이다

오만하고 자신에 찬
가시달린 꽃은
착하거나 순결하지 않다

부족하고 바라는 것이 많아
아파 보일 때

얼굴에 이슬이 굴러 떨어지듯
모든 것을 맡기며

몰래 피는 꽃이
청순하고 곱다

사랑 Ⅱ

차마 아까워
신화적 동굴에 감추고 싶은
비밀스런 보석

몰래 꺼내서 보고 싶지만
때묻고 빛이 흐려져
돌아설까 봐 겁이 나고
조심스럽다

나는 그의 실에 묶였다
다른 데로 고개를 안 돌리고
그가 준 황금빛
브로치를 차고 산다

누가 먼저 떠나도
우리는 끝이 없는 계약
두 영혼은 같이 할 거다

끝없이 보물을
자랑할 거다

오늘 백제

삼충신 모신 부소산이 움틀하면
고란사 새벽종 울리고

충혼 붉은 사비성 후손들
와당 속 길 살아서
백제의 역사 높아가고

서동왕자 선화공주 닮은 후예들
사랑꽃 피우며 수륙양용버스 타고
오늘 백제를 보네

마래 방죽에 핀 천만 연심은
대향로 앞에 촛불 들고
간절한 기도로 국태민안 지킨다

언제 누가 찾아와도
노래와 춤이 절로 나오는 곳
오늘 백제

좋은 것

가늘게 눈을 뜨고
가슴을 약간 좁히면

마음이 따뜻해지고
한 송이 장미가 피어난다

붉은 색이
훈훈하게 만들어지고

색이 연해 갈수록
좋아 보이고

고소하고 달착지근하면
입속에서 말로 쓸 수 없는
큰 깃발을 내두르기 좋다

맛있고 보기 좋은 건
다 좋다

웃으면서 하면
다 좋다

가을 I

가을은 커다란 가마솥
한 해 동안 햇살과 바람을 짠 피륙에
눈물과 웃음과 한숨들이
가득 담긴 허무의 그릇

이들이 다 가면
등에 빈지게 지고
허수아비로 설 나는

왜 이리 밤이 길고
머리에 서리 내려도
갈 길 모르고
호수에 떠다닐까

툰드라 지대의 새들이
시린 들을 꺼욱거리며
휘감으며 선회해도
깊은 치매의 밤
걷히지 않네

오감이 죽어 가는 어느 밤
누군가 발을 꾹 밟혀서 보니
잎자루가 떨어져 나간 터에

둥지에 찰싹 들어붙은 싹이
엄마 등에 달라붙은 아기처럼
강하게 찌르는 것을 만지며

가마솥 뚜껑을 눈 감듯
가만히 닫았다.

연못

한가로운 땅에
동그라미를 그렸다

하늘이 먼저 와서 잠기고는
그 뽀얀 얼굴을 드러냈다

산도 빠지자
새들이 요술처럼 날아다녔다

누가 오라고 하지 않았는데
산개구리 두꺼비 도롱뇽들이
예쁜 애기들을 포대기에 싸서
무더기로 알을 낳고 갔다

하늘은 시간을 알리고
산과 숲은 옷을 바꾸어 입어
산 꿩이 요란하고

딱따구리가 시끄럽고
뻐꾸기가 하늘을

바쁘게 나는 걸 보면
새들도 예쁜 새끼를 치겠지

보이지 않는 물속 어디에서
애기들은 뒷다리가 나오고

그들이 다 나오면
세상이 변하겠지

모두가 담긴 한 덩이 세상
작은 그릇에도
그들 마음이 보일 듯 싶다

나에게도 근질근질하게
날개가 돋아났다

연주

숨죽인 고요

나풀거리는 수초를
현 위에 올려
내어 보는 몸짓

무한의 허공에서 울려나오는
빛 고운 은유

꽃잎 나풀대는
맑은 호수에 배를 띄워
물살 가르는 백조의 유영

황금빛 보석 전시장
지중해의 음보로 찰싹댄다

높은 음지리로
다섯 줄에 매달린 선 위로
흐르는 자유로운 헤엄

달밤 Ⅱ

은빛 선율의 교향곡이
연주되고 있다

그 선율이 미끄러지며
꽃으로 피어
바다의 늪에 떠 다닌다

벽에 걸린 꿈이
부서져 물소리로 흐른다

이 골 저 골
시간의 계곡을 타고
가랑잎으로 말라

초침의 파편
빈 그릇에 가득
고요가 출렁이고 있다

불타는 신전

저녁 무렵
먼 산의 실루엣이 녹아내리고

틀 안에 갇힌 이들이
수런거린다.

본향의 길을 찾아
노상의 차들이 줄지어 있다.

핸들을 잡은 손들이
어둠에 묻힌다.

사지를 주무르며
남의 집 창문에 비치는
풍경을 그린다.

도시의 네온이 벌떡거리며
호흡을 가쁘게 쉬고 있다.

어린 아이가
맨몸으로 강을 달리는
시간의 난간이다.

낡은 수첩

볼펜 잉크가 번진
가나다 순서 전화번호

연락을 주고 받으며
던지고 받던 말들이
퍼진 옅은 잉크 사이로
아련히 들린다

어둠이 치달려 지나도
영원하리라던 날들의
환했던 창이 아니었던가

어제도 그만한 간격으로
지워져서 흐려졌겠지

아니라고 우겨도
뭔가 끝이 가까워가는 듯
잡혀 있지 않고

조금씩 떠나가는 듯한
낡은 수첩

별

지상의 뭇사람들 눈빛을
다 모으면 저만한 광도가 될까

강해도 아프지 않는
추억같은 평안

한참을 보노라면
여러 색깔의
꽃잎이 튀어나온다.

부르는 이 없는데
노래가 들린다.

빛과 노래와
끊어질 듯

응시하는 눈을
때 묻은 나로는
쳐다보기 어렵다.

마음을 가볍게 띄우는
낯선 먼 곳으로
조그락대는 소리

나비 Ⅱ

툰드라지대의 이끼 속에서
부드런 입김에 싸였다가

신화의 이끌림에
부신 눈으로 비틀거리는
걸음을 뗀다

처음으로 주술에 취하는가
떨어질 듯 올라갈 듯
새로 피어 나는
노래가락을 맞추려
내 속에서 퍼득거린다

몸을 비스듬히 기울이고
번갈아 내두르며
음역을 오르내리면
온 대지가 흔들린다

밤에 자리에 누우면
가녀린 너의 모습이

희고 노란 여린 색깔로
허공에서 단풍처럼 너울거린다

네가 필 때

빳빳하게 풀 먹인
광목 이불 속에서
부끄럼 없이
옷을 벗고서

모아둔 순정의 가쁜 숨
몰아쉬는 밤

순정을 통째로 내보이는
자랑과 기쁨의 순간이다.

더 남은 자랑도 없고
더 보일 것도 없는
모두를 내 보여
이제 한이 없다.

더 이상의 큰 웃음도
서러움 같은 울음도
좋은 건지 나쁜 건지
모를 강물에 빠졌다.

어둠 속에서도
오무라지지 않는
함박으로 퍼 담은

바닷물이 끝없이 모두
금으로 변할 때를 위해
속저고리만 입고

조용히 숨죽이며
녹을 준비를 한다.

별이 보고 싶다

집안에 불이 없으면
별이 마당으로 쏟아졌다

모기가 덤비고
모깃불 속에서 쿨룩대고
문설주 갈라진 틈에
빈대와 벼룩이 설쳐
잠 못 들 때

마당의 밀대방석으로
마구 쏟아졌는데
그 돌들에 눈이 아파도
한 아름 주워
호주머니 가득 넣고 싶던 별

별 소나기라도 맞아보고
다그락거리며 잇몸이 다쳐도
아득아득 깨물고 싶었는데

좋은 사람과
묘판에 앉아
자기 별을 정해보자고
서로 보여주고 자랑할 때
그 별들이 손이 닿을 듯
가까이 있었지

지금은 뒹굴고
긁히고 부서져

무슨 모습들이 가려서
그 하늘의 별이 안보이고
그 마당도 없어졌네

살던 곳을 따라
새 자리로 마음을 꽂고
다짐하던 별자리였는데
보이지 않네

자리를 깔며

　내가 낳다가 죽을 듯 어려워도, 낳아서 키운다고, 이를 옥물고, 쌀 뒤주가 바닥 나서 풀거리로 배를 채워도, 백짓장 얼굴에 해가 떴지　하늘이 찢어지고 땅이 갈라지며 천둥치듯 휘몰아치는 한나절, 나무뿌리가 뽑히며, 동물의 기본본능이듯, 짚 한 단을 깔고 누워 하늘에 손 모으고, 아픔인 듯 기쁨인 듯 그런 말 다 잊어버리고 나서야, 꿈속처럼 다독이던 피 묻은 쥐만한 피덩이 하나, 나와 숨을 쉬었지　이빨이 뻗어서 뻐근해도, 새로 낳은 아기와 같이 된다는 생각만으로 먹으면 오물거려도 잘 넘어갔지　천정이 찢어지게 울어도, 모처럼 손 내미는 그 작은 손을 내두르는 걸 안고 있으면, 애잔함에 가슴 녹았지　내 것을 주면 울음도 멈추고, 해긋해긋 웃는 걸 보면서, 참으로 뜨거운 마음으로 속 깊이 품으며, 자꾸 쓰다듬지　날미역국 한 그릇에 흰쌀밥만이라도, 황제의 생일상을 바람으로 날리지　무너진 성들이 다시 수축되고, 네 다리가 하나씩 줄어지고, 짐승을 벗어나기 시작하고, 등을 두드리며 꽃으로 피어남을 보며, 세월을 당겨 날아오르는 나비를 상상하지

어스름

　비둘기들이 물오리나무 위로 모여들었다　한낮에 우울하고 힘없이 콩밭에 구겨넣은 걱정들을 대변으로 싸고는, 이불을 끌어올리고 잔다　털빛이 찢어진 종이처럼 바래가는 건 좋아 한다는 구애를 거절 받고서다　호사했던 털 빛이 망가진 것은, 바람에 부딪고 새들의 조소를 받고 나서다 장끼가 미끄러지듯 나르는 벌판을 그리기도 한다　붉은 눈으로 세상을 더듬던, 전과 7범들도 조용히 웃으며, 오늘 궁리한 것들로는 법령에도 없는 죄라며, 큰 집에 안 갈꺼라 몇 번이나 확인해보며, 저녁의 무덤에 들겠지　세상이 이렇게 묻히고 어떻게 무너질지 몰라, 언제나 성당의 마루판에 엎드리지만, 거칠더라도, 조금씩 사랑에 손 내미는 선택을 한다　하루가 천년 같은 강을 건너오지만, 미끄러지고 넘어지면서도, 또 다른 사생화를 꿈꾼다　지나면서 멈추지 않던 천사의 몸짓을 판에 못 박고 싶은, 또 하루의 종착지 부근이 가깝다

낙조

 저렇게 찬란한 몰락이 있나 음악이 다 깨지고 아는 이들이 고개 숙여 하늘에 붉고 곱게 깔고, 아듀를 외친다 그는 죽은 게 아니라 다시 올 것이라고, 피 흘리는 약속을 하고 떠나는 사라짐이다 아픔도 없이 외로움도 없이 장쾌하게 달려온 그 길을 지평선 넘을 때는, 더 빨리 달려서 다른 새 길을 열 것이다 사람들아 큰 것 같은 일도 돌아서 보면 다 부서지고 마는 것, 금이면 무엇하고 큰 모자 썼던 자라도 무소유의 쾌감을 갖지 못 한다 호주머니 다 떼내고, 따지던 돋보기도 이제 버리자 육신이 아팠어도, 외로웠어도, 떠날 때는 모두가 버려지는 것들이다 부끄럽던 옷 다 벗고, 알몸으로 바람 같이 날아가고 마는 것 늘 아프던 한날의 기억은 잊어버리자 죽는 자는 제 잘못을 백번 절하고, 간지스강의 한 줄기 연기같이 떠나자

4부
눈 오는 밤에

눈 오는 밤에

어떤 마음이랴
한 밤중에 몰려와서
까닭 모르게 별빛 삼키고
바람도 온통 발길 멈추게 하는
이 밤의 사설들은

이런 밤은
한결 더 조요롭고
부질없이 오르내리던
뒷산의 전설도
파묻을 이 사태가 아니랴

수런대던 소리
모두 잠에 빠지고
들판 가득히 번지던
할아버지의 기침소리도 사그라지는
초닷새의 이 달무리

누구의 마음이랴
하얗게 하얗게

옷깃처럼 바래져 가는
눈 내리는 이 밤은

노인

걸어오면서 무거워진
구름이 머리에 덮였어도
뒤돌아 가고 싶지않는
지금은 단풍으로 익은 잎

가방 속에 가득 담긴
무지개와 호두와 잣
주워담고 까먹으며
먼 길 기차 타고 오면서

조금씩 힘이 들고
머리가 조금씩 아프고
생각이 늦게 떠오른다

지금은 주저 앉고 싶지만
턱걸이를 여덟 번 하고
백마강을 헤엄쳐 건너고
오줌을 싸면 한 길 창을 넘겼지

소주를 열 댓 병 마시고
싸워서 이기던 때를
지금 다 기억하고 있다

빨리 가다 넘어지면
한 참 앉아 있고
붙잡고 천천히 갈 일 뿐
어디도 갈 수 있다

나이가 둘러싸서
허리가 조여지지 않아
기침을 자주 하고

아는 사람
많이 만들어 모시고
웃음 붙들고 퍼주며
시내처럼 살다가

정거장까지 여유있게
고학년답게 살다가

홍시 먹는 마음으로
가는 데까지 갈
신사

장계 국밥집

허허로운 이들과
바람을 몰고
여름 대낮에 펄펄 끓는
국밥집에 들어갔다

역사의 긴 도로를 가다가
여기 와서 짚신을 털고 지나간
눈이 깊은 사람들의 자욱이 보였다

오금을 녹이며
기침을 가라앉혔겠지

오지 벽돌로 쌓은 담
그 안에서는 저고리를 풀고
끓어 치솟는 김을 보며
호루라기를 피해서
저리도록 시렵던 발을 녹여
가던 길의 고샅을 넘어갔겠지

오지 뚝배기를 들고 마시며
마지막 짚신을 탕탕 치고
만주벌판을 향해
주머니의 손을 굳게 쥐었겠지

오늘은 평화의 웃음으로
국물을 타고 흐르는 긴 강물을
한 바가지 마신다

천국의 자리

여기 질화덕에
불을 지피고

동녘에 뜨는
햇살의 눈을 하고

황금 실로 이어진
우리의 끈을 보며

바람에 꺼스러진
깃을 빗질하자

옹달샘가 초록의
속잎 트는 둑에
널브러게 웃음을 널고

공깃돌 같은 말로
서로를 안아 보자

우리는 평화를 낳는
황제의 후예

초롱한 별자리를
만드는 우리

아름답다는 먼
천국의 이 자리

스르라미

시간을 잘게 부수며
금화 빛나는 잎새 뒤

피보다 웅장한 빛 흐르는
두꺼운 껍질 위에서

꿀보다 더 달디 단 수액 빨며
너는 이 여름

불화덕의 기능공보다 더 큰
세상을 녹이고 산다

껌벅일 줄 모르는
쇠 같은 눈으로
보는 것이 무어냐

너는 세상을 휩쓰는
무서운 소리가 있다

누구도 네 앞에 서서
호령할 자가 없다

구겨진 골목을 드나드는
하루의 지루한 구석을
조용히 쓸어주는 큰 빗자루다

이 골목을 다스리는
지혜로운 통치자

로마를 다스리던
어느 수염 긴 통치자보다
더 힘 있는 소리를 내는 자

웃음

오래된 우물에서
덜컹거리는 두레박으로
퍼올린 하얀 구름

내 것을 다 줘도 좋다는
승인된 도장

어깨를 추워 올리며
손뼉도 한 번 치며
발걸음도 몇 번 내딛고

연못의 물 다 품고 나온
물고기의 꼬물거림

환한 대문 앞에 걸린 듯
누구도 좋다는 대문
삐거덕 열리는 자리

피어날 이유없이
시간의 뒤에서 멈춰섰던

달맞이 꽃이 피어 벙그는
고속으로 촬영된 동영상

깊은 구름에 투영된
솔직하게 내리꽂히는 햇살

세찬 소나기 줄기 속
오동나무 잎의 흔들림

모두를 합해서
얼굴에 미끄럽게 퍼지는
가녀리고 겸연쩍게 비틀고
흔들며 떨어지는
금화 한 잎

내일 모레가 여든이네

나이는 꽃이다

피어보았던 꽃
자꾸 피어봤는데

넘어진 사람 생각하면
너무 오래 핀 것 같다

꽃이 지기가 어려운가
필 때는 어찌 피었나

피어서 모레가 여든이어도
감추지 못할 기쁨이 있다

혼자만의 모습으로
지루하지 않는 모습

다 좋다고 치는 박수
밖으로 들릴까 조심한다

날마다 더 곱게
만져봐도 재미있다

비틀거릴 때도 있지만
잘 될 거라고
속도를 늦춘다

무너지지 않을 공든 탑
햇빛으로 다 닳고서야
떠나고 싶다

해변

누가 알 수 없는 말로
노닥거리며 밤 새워 걸어오는
여인의 차마자락 소리

지난 여름 추억 조각
부딪던 웃음소리

두 입술 사이에서 떨어진
달달한 조각들

가슴 부비던
간지럼보다 지긋한
살 속을 파고 들던
원시부터 지금까지
똑같은 맛의 흐름

여러 조각들이
몸들에 부딪듯
자그락 거리며
밤새 걸어온다

비듬 떨 듯
다 떨고간 사람들

빈 그림자가 이울대는
파도에 비치고

그들은 지금도
불꽃을 하늘에 터치던
감각으로 조금쯤 떨려오겠지

어쩌다 와서 파도를 밟으며
밀려 흩어진 감촉을 찾겠지

삼월

긴 식민지 시절
가려운 등판에 남은 흉터

얼음장 밑으로
날로 커지는 만세소리

먼 나라로 숨어살며
얼었던 독립투사들 발소리
달려오는 소리 난다

꽁꽁 굳게 쌓였던
생각들이 크게 소리를 지르며
하늘 찌르고 솟구친다

누구나 이제는
할 말 다 할 수 있다

잘 못한 것 잘못했다고
이렇게 하라고
배고프면 밥을 달라고

우리 것은 건드리지 말라고
말 할 수 있다

칼 앞에서 방패도 없이
찌르면 아프다고도 못하고
마음대로 울지도 못했는데

이제는 소리도 지른다
네 편 내 편도 없다

모두가 한 편
풍악치며 춤추면 된다

제야에 I

오던 길에서 웃통 벗고
사막의 바람을 맞으며
국경을 넘어야 하는데
경비병이 보이니까
할 말을 생각한다

새로 입국하는 나라에서
살아갈 양심과
호주머니에 든 돈 액수
무엇하러 들어가는지
말해야 한다

내일은 다른 해가 뜬다
말도 다르게 해야 한다

먹는 것도 다르다
이밤 자기 전에
조금이라도 익혀야 한다

지나온 얘기는 접고
신천지의 국법대로
옷도 입고
차도 타야 한다

기차 타고 오면서
발에 걸렸던 것들
쉽게 버려지지 않네

눈에 어려도 놓아야지
아쉬워도 호주머니 털고
신발도 털어둬야지

빈집 I

아직 연주되지 않은 악보가
바람에만 날려도
음악이 흐른다.

구름에도 쉽게 오르고
새털처럼 되는 순간

눈꺼풀에 얹혔던 것
어깨에 눌렸던 것들이
4월의 낙화처럼 날아가고

몸은 홀랑 벗겨진 채
그 순연한 눈 속으로
끝없이 걷는다.

사람들이 그렇게
거리적거렸는데
다 놓고 갔네

묵은 터이지만
새싹들이 무더기로 나와
수북한 밀림으로
머릿속을 채운다

하고 싶은 것들이
광야에 가득하고
예쁜 동물들이 우르르
달려 나왔다.

한나절 놀아도
배 고프지 않다

자유에 배부르다

단풍 II

고운 잎을 모아
연기만 나는 모닥불에
불이 붙으면 화냥기가 난다

아무렇게 뒹굴어도
한 세상인데
그리 저리 바꾸어
한 눈 팔고 싶다

저 일을 따라
분별 없이 익어진 내가
온 몸에 피를 바꿀 듯

핏줄의 회로를 새로 놓을 듯
유혹의 감각이 벌겋다

산봉우리는 예리하게 솟아
호수에 잔인하게 꽂혔다

구름이 흐드러진 하늘로
뛰쳐 올라가서
무섭지 않은 죄를 짓고 싶다

어차피 죄가 있어도
다 죽어야 할 형벌이나
법이 없는 새 공화국

황제도 없는 아슬아슬한
불륜이 선을 넘을 듯 말 듯
마지막 자유천지

한 번 바라볼 만하여
호사하게 그려본
내 그림

돌 Ⅰ

손을 대니
그렇게 차갑더니
한참 동안 닿아보니
다스해지기 시작했네

누르면 무거워 보이고
눈으로 언뜻 보기에도
무겁게 보였는데

무릎을 꿇고
가슴에 붙여 들면
솜 같이 가벼웠다

제 뜻으로
큰 것이든 작은 것이든
앉은 자리에서 묵직히
오래까지 산다

입이 많은 세상
가볍게 입방아 안 찧고

가만히 있는 것은
차가움과 무게를 줄이는 일

죽은 듯 해도
살아 있음으로
소리 없이 묵직하게
생각에 빠진 모습이
고와 보이네

왕촌 I

진열장 불빛 속에
어릴적 손에 들렸던
유산이 전시되었다

별을 따서 엮고
달을 따서
깨물며 살던
폐허된 왕촌에서

꿈에서만 떠오는
어린 기억

녹슨 칼
피흘리던 날의 얼룩

빛 바랜 안장
오늘은 구경거리가 되었다

다듬지 않은 돌
얼굴쪽이 떨어져
내 앞에서 딩굴고 있다

해뜰 무렵

묵은 대문 열 듯
삐거덕 눈을 뜬다

공중은 온통
깨진 유리 조각
새들이 부딪는 소리

뜰의 장미는
링겔을 꽂고
말간 눈을 굴린다

굳게 닫힌 창을 열면
어둠이 씻겨 간 아파트 후문
마른 수건처럼 걸려 있다

음악은 분수처럼 터지고
실신 상태에서
춤을 추기 시작한다

그림자 위에서는
하루를 밀고 나가는
시계소리가 난다

차를 마시며

손을 잡았다가
다시 장막을 젖히고
밝음과 함께 자리를 권했다

잔을 든 손 그 눈 밖
바깥은 쑥부쟁이
마른 잔디 위로 막 나섰다가
한 때의 참새들은 하늘로 뛴다

하늘 저 멀리
새벽 강가로 얼음 터지는 소리
쨍쨍 들려오고

꿈 속에서 잃어버린
종이배 하나
창을 타고 넘어 들어와
찻잔 속을 헤멘다

새벽 찬 공기에
젖는 이 가슴

찻잔은 금새 비게 되고
환히 속을 드러내고 만다

도요새

내 그대 향한 그리움이
바닷가 도요새로
모래톱을 서성이네.

바람이 불면
작은 체중이 날려갈 듯 하지만

그대 향한 강인한
내 거멀못으로
겨우 옮기고 있네.

사랑이란 열흘도 못 가서
시드는 목련꽃인가

내 걸음이 항상
겅충거리고 뒤뚱대며
바닷가 모래를 쓸고
수많은 낙서로
마음 쓸어내리네.

말을 걸어도
假花라도 날리지 않는 이여

날이 어둙고
수평선만 보이는 밤엔
어이 잠들까

참새

안테나를 늘여
공중에 언어를 뿌리고

호수 빛 눈 깜박이며
나르는 꽃씨

떼 지어 흩어지지 않고
한 주먹 뿌린 듯
하늘에 박히는 금싸라기

초가지붕 처마 밑에서
살던 추억과

대나무 밭에서
가는 눈 맞으며
비지밥 먹고 살던 일

어릴 때는 허수아비가
사람인 줄 알고 놀랬고
빈 깡통소리만 듣고도 도망갔지

따리 소리가 하늘을 가르고
팡개질로 날아온 흙덩이
질퍽 질퍽 연발로 떨어지고
총소리를 내고 겁을 줘도

이골 저골로 피하며
덫이 가득 널렸던
살아온 날을 돌아본다

* 따리 : 두 발쯤 되는 나무 끝에 질긴 줄을 매어 머리 위로 돌리다가 반대로 꺾어 돌릴 때 '딱' 소리가 나서 벼논에 들어온 새를 쫓을 때 쓰던 도구

* 팡개 : 대나무를 한 발쯤 되는 끝에 십자로 쪼개어 벌려 묶어서 땅에다 꾹 누르면 그 사이로 흙이 들어가면 어깨 위로 돌을 던지듯 뿌리면 흙이 날아가서 새를 쫓던 도구

생각 I

이보다 더 큰 바다가 없다 아끼고 예뻐하다가도 싫어지고 미워하기도 잘하며 폭포로 흘러가는 물길이다 밤 새우며 쉬지 않고 칼을 갈면 그 날은 더 부드러워진다 연을 날리듯 허공을 둘레둘레 바라보며 호주머니에 든 것을 하나씩 던지면 손해를 못 느끼고 자비가 새끼를 친다 자꾸 굴리면서 골목도 지나고 공원도 지나며 노란 민들레도 보고, 질경이도 보고, 잠자리도 보면서 유년을 지나며, 풍년으로 날아가며, 다른 색깔의 그림을 그리기도 한다 때로는 무거운 바위 굴리듯 앞으로 나가기 힘들지만, 느려도 옮기고 보면 그 위에 탑도 쌓고 포장도로도 만드니 굴려볼만하다 굴리면서 어디로 굴릴지를 자꾸 갸웃거리면, 지금까지 한 것들이 망가지기도 하지만 엉뚱한 곳으로 가려다가도 예상 밖으로 더 빛나는 새 터도 만들 수 있다 잠깐씩 걸음 걷듯 하다보면 조금 미끄러지기는 해도 돌이키기 어려울 때는 오지 않는다 바람의 옷을 입고 붙잡고 손으로 가지고 놀지 않으면 금새 날아가 버리는 새다 그 얼굴이 늘 달라도 손에 넣고 인형이듯 얼러볼 일이다

돌아오면서

　오늘 잘못 살았나 까닭 없이 헤매다 온 것 같다　실루엣이 만들어지지 않는 그림자 없는 행위의 조각도 집히지 않는다　후회할 때는 물러설 곳이 없다　사막에서 바람이라도 맞았으면 귀라도 얼얼할 텐데, 어쩌다 이런 날이 오면 괜히 살고 있나 싶다　살 때는 필사적으로 살고 있다고 생각했는데 말이다　음악에 감기지 않고 살면 나중에 눈썹만 휑하다　다음 페이지는 무엇을 쓸까 생각해도 촛불이 켜지지 않고, 나도 모르게 다친 상처가 치료가 안 된다　견뎌야 하기에 밤 속에 묻혀 내 남루를 벗어보려 하지만, 눈물까지는 아니라도 호사스럽지 않아서 그런가, 사치스런 내 상체가 바람에 흔들린다　오늘의 장면들 속에서 또 미루며, 내일에 가질 것들이 오늘의 후렴 같더라도, 까닭없이 흘러나올 귓속의 바스럭거림도 음악이 될 것을 기대하며, 밤속에 모든 것이 묻혀질까

그리움의 무늬

유재봉 시선집

Selected Poems of Yu Jae-Bong

5부
돌담 모서리

돌담 모서리

작은 동네 길
조금 높은 고비를 넘으면
돌담 모서리가 있었다

넘다가 만지고
내려오다 손 바꾸어 만져
반들반들한 예쁜 때가 묻었다

동무들 어디 갔나
물어보느라 만졌지

더 보고 싶으면
한 조각 돌보다
둘레의 돌들을 만졌다

거기서 하던 바꿈살이
재미있던 구름으로 떠오른다

엇갈려 쌓은 돌 위에
방아를 찧는다고

고무신 짝에 흙을 담아
위에서 흘려내리면

아래 쪽에 흙이 쌓여
위쪽에 방아가 찧어진 쌀

그걸로 종지 깨진 솥에다
마른 솔잎 불 때서 밥을 하고

깨진 대접 조각에
쑥국도 끓이고
망초잎 뜯어다 겉절이도 하고

영숙아 영철이 데리고 와서
밥 먹어라 하던
그 날의 소리가

오늘 모서리에서
아련히 들린다

강 I

하나로만 길게 늘이어
가고픈 길로만 달리는
오롯한 모습이 곱다

사랑을 하려거든
첫 마음 하나로
미운 마음 뛰어넘고

잘한 것만 찾고 찾아
비가 오더라도 좋고

물이 얼거나 흐르기 어려워도
눈물 나게 싫어도

고왔던 손 잡고
흘러가란다

혼자 사랑

그녀를 생각하면
하늘이 온통
부라우스 색깔

어둔 밤에도 초록치마
눈이 감겨지지 않고
입속에도 그런 색깔로
풍선이 오물거렸지

등대불 같던 눈
내게 비추면
몸이 구멍날 것 같아
그런 총이라도 정면으로
맞아보고 싶었지

나는 왜 그리 못났나
아프리카 소수
검은 종족의 아들

그 손이 내두르는 짓
큰 오케스트라 지휘봉

그녀 주위로 흐르던
감미롭게 부서지던
황실의 부스러기

금으로나 은으로
만들어 손에 들지 못하고
등 뒤에 두면

호흡이 제자리로 오고
그녀로 향했던 바람
느끼기도 했지만

그 장미가 상처
없었는지 걱정하며
조용히 호주머니에서
손을 뺐지

선물

네게 준 선물 속에
장미 백 송이 없어도

장쾌한 오페라 서곡으로
공주로 맞는 내 마음

소리 없이
오래 전부터 만들어 온
사랑의 노래와
춤들이 다 있어

나를 믿어줘
열어 보고 어둡거든
불을 켜봐

나를 좋아한다면
만 송이 붉은 장미와
백 케럿의 반지와
황녀가 입던 옷
왕관이 보일 거야

나는 지금 너무 좋아
그런 연주를 다 했거든

비투러졌으면 내 악기
바로 잡으며
네가 긋는 현을 따르면
보석 소리가 날 거야

이런 장엄한 음악회
그런 노래 부르려고
네게 준 거야

금가루 쏟아지는
그런 노래 부르다 마칠거야

시간

허공에 걸쳐진 철로
헛디디면 바닥이
없는 곳에 떨어져
호흡이 멈춰지고

준비 없다가 당하면
불에 타고 재만 남는다

때로는 그를 건너며
혼자 사랑을 만지기도 하고
미워하던 손을 쓰다듬으면
밝은 눈을 볼 수 있다

그 위에서 춤을 추고
세찬 목소리로 노래도 부르고
신나게 젓는 사공같이
힘 있게 달리기도 한다

한 없이 늘리면 호수가 되어
그 속에서 하릴 없이

몸을 담그거나
몸을 띄워 물장구 치고
가지 않아도 고요하기만 하다

빨리 가려고
고속철을 타지만
지침이 있어도
타박타박 걸으면서

천년을 살 마음으로
입 맛 다시고 맛있게 먹으며
눈으로 보면서 가고 싶다

얼굴 I

빤히 보이는
기상관측도

작은 사랑은 작게
큰 사랑은 크게
그림을 그려놓았다

미워하는 마음은
검은 구름으로
어둡게 지난다

고운 주름을 많이 지으면
몇 억 돈보다
부자스런 배부름

앞 사람에게 배를 불리고
황제의 옷을 입히면
뱃속을 뜨겁게 한다

달큰하고 너른 평야
너무 고와 만지고
평생 옆에 두고 싶은
보석 항아리

섬과 산들이
모습은 달라도 어울려
흔들어 춤추는 모습
꽃보다 곱다

묘지 앞에서

구름 낀 날
신도 신지 못하고
담배 한 대 타려 물고
작은 손가방 하나 없이
훌훌 떠나가더니

이제 소리 없이
여기 양지 쪽에
앉아 있는가

저 풀잎 위
한 방울 이슬로 스미어
하릴 없는 바람에
영혼을 뒤척이며
그대 무엇을 하고 있는가

가슴에 와 찍히는 눈빛
헛된 무게를 들고 떠돌던 나는
묘지 앞에 무거운
피의 중량으로 앉아 있네

밤마다 껍질 벗으며
기억의 뿌리도 캐서 보며
밤을 지새네

넝쿨장미

그를 본 지가
꽤 오래 되었나?

'등대지기'를 피아노로 치며
마른 영혼의 장작에 불을 지핀다.

분산화음을 따라 계단을 타고 내려
그 심원의 바닥에 앉으면
그와 손을 잡을 수 있을까

얼굴이 벌건 채
넋 놓고 앉아
가슴에 얼굴 묻고
보석을 만드는 울음을 울었다.

나를 만드신 아버지도 모를
보퉁이를 들고
도피하는 내 뒤꿈치를
누구에게 자꾸 들키고 있다.

눅눅하던 하늘에 비가 그치고
서녘으로 여우같은
밤의 장막이 쳐지기 시작하는데

오늘밤 나 혼자 발작하면
누가 얼킨 내 발을 펴 줄까?

신화 속에서 주술이 풀리지 않아
눈을 뜨지 못하는 소녀와 같이
우두커니 앉아있다.

꽃 I

눈을 슬그머니 감으면
저렇게 곱네

욕심이 없어지면
저렇게 편안하고
사랑으로 둥실 뜨네

모양을 짓지 않아도
손이 따뜻하고
착함으로 벙그네

저런 사람 없지만
웃기만 하면 그려지네

해의 속 것들로
배워서 익혀진 버릇

구슬 같은 말을 머금고
할 듯 말 듯
웃을 듯 말 듯

참으로 먹어보지 못한
맛난 먹을 것

오래 가지고 놀아도
싫증 나지 않는 노리개

해후

그 후 21년이 흘렀네.

어느 낯선 초등학교 담 옆에 앉아
땅을 그으며 대화를 했네.

내가 좋아하던 얼굴과
향기로운 구석은 변하지 않았지만
지는 황혼이 배기 시작했었네.

우리는 이따금 배율 높은 망원경으로
마음을 데우던
시절이야기를 하면서
먼 하늘을 자주 바라봤지

운명이란 갈림길을
너무 지나쳤나본데
그 시절의 골목을 자꾸 후비면서
생각의 회오리에 흔들렸지.

그냥 가는 대로 지나쳤는데
지금 설풋한 서녘을 보면서
마음대로 안 되는 한계를 느끼고

항로 미숙으로 되돌려지지 않는
거대한 함선 속에서
이따금 전화라도 걸어보면
그도 나를 기억 속에서
지울 수 없는지
목마른 마음이 있는 걸 보면서

우리는 잘못 돌아선
서로의 그림자를 밟고 사는
어눌한 자들이란 것을

언제 가서야
잊어야 할 지 모를 거라고
둘이는 생각하는 것 같았다.

그리움

그리움은 허기진 배고픔

그리움은 중한 곳이 무너져
세울 수 없는 기다림에 빠지는 것

그리움은 무기력한 것
우직한 힘들이
공중에 산화되는 것
그리움은 가망 없는 일에
허상을 그리는 것

그리움은 허궁에 발을 헛디디어
천길 낭떠러지로 낙하하는
예감을 자꾸하는 것

그리움은 그린 지 오래되면
낯 익었던 체취를 찾지 못하지만
그리워할 대상이 있으므로
그리움은 살아있고
인생이 아직 살만한 것 아닌가

그리움은 잡히지 않는
허상의 옷만 걸어놓고라도
무지개 보다 기쁜 일이다

눈을 맞으며

아직까지도 내겐
이렇게 표백된 마음으로
내게 와서 스스로 무너지는
연약한 사랑이 없었지

사랑하는 사람의 착한
나비 날개 소리로
어느새 나를 감싸 덮었네

스르르 풀어져
안기듯 했는데
촉각의 저 밑으로부터
뿌듯이 차 오르네

나의 자유는
이제 날개에 힘이 솟고
부드럼으로 하늘로 차오르네

어두웠던 하늘이
기쁨의 씨알들로 가득하고

테너 색소폰 가락이
천지를 가득 채워
출렁이는 발레에 빠지네

너희들의 하얀 더미 위에
습작한 사랑을
양손으로 받아들이네

여기서 이대로 죽어도 좋을
기쁜 무덤에 이르렀네
나를 여기에 묻어 달라

자유와 사랑의 고물
고운 가루의 음악으로
무르녹는 숨
가쁜 대지에
가득 퍼지네

종

온 몸을 가루가 되게 흔들어야
세상을 품을 수 있나

한 서린 이에게
되게 얻어맞아야
비로소 은혜의 손을 뻗고
그 머리에 쓰다듬긴다

발 밑에 깔리어
연기처럼 휘감고
떠오르는 비상

마음은 가라앉고
깊은 바다 속이다

높은 하늘 속으로 날아
극락의 환하고
향그런 풍경이 보이지

한 바퀴 휘돌아오면
바로소 온몸이 눈물에 적시어

이승에 와서 낯선 듯
거칠었던 호흡을 고르며
다리를 건너서
세상은 고요로 돌아온다

저녁 서대전공원 스케치

하루 해가 흐미하게
서쪽 유리창에 손짓하며 넘고

광장에 날리던
스피커 음악도 그치자

공중은 무중력 상태로
지나는 사람까지 힘이 없다

울타리 밖 길에는
하루를 거두어 잡고
저녁의 포구를 향해
내딛는 사람들

호주머니에 든
손 찌른 이들이
광장을 가로질러 간다

낮에 펴놓던 행상도
짐 싸고 자리를 뜨고

허름한 담벼락에는
낮에 나눈 얘기
낙서처럼 붙어 있다

공원모퉁이에선
아직도 하루를 더 늘려
깔리는 어둠을 쳐서
없애기라도 하듯
친구들과 고스톱이 불 붙고

건너편 도로에 늘어선 차들이
붉은 신호에 발이 묶이고

뭐라 썼는지 뵈지 않는 현수막을
에드벨룬 두 개가
들고서 펄럭이고 있다

어스름이 농도를 더해가니
사람들의 발걸음도
라르고로 빨라지고 있다

머지 않아 새장의 비둘기도
잠꼬대를 같은
'구구' 소리가 들릴 것 같다

호박떡 찌기

어둠 속 부엌에서
호박떡 시루를 올리고

불을 땔 때는
머리와 소복으로
정갈하게 차리고

저승길이 보이듯이
아니 그 길을 가는 듯
마음을 모아

참깻댕이를 조심히
밀어 넣는다

혹시 시루뻔이 터져
김이 새지 않나

아픈 바깥양반
낫게 해달라고

마음의 소원을 빌 때는
눈길 하나 팔지 않았는데

누가 소변 보고 들어오면
정성이 흩어져
모든 게 허사라고
천둥을 가르며
검은 구름을 일으킨다

아궁이에 불길이 연기 없이
솥에 가녀린 듯 후리며
곱게 일어날 형통을 보다가
김이 마지막을 알리며
세차게 나면

시루는 한 덩이 배 같이
녹아 물이 된다

작은 풀밭 걷는 소리 나면
어메는 모든 것이
형통됨을 알며
기도의 손을 내리고
마음은 저녁때
잘 익던 노을이 뜬다

식구들을 안방에 다 모으고
시루를 엎어놓고
아베부터 한 그릇씩
넘치게 주고

떡이 잘 안 익었어도
치성을 드렸으니
천지신명은 아실 거라 믿고
긱자에게 기도하기를 바랬다

무지개를 보면

소리없이 공중에 걸린
참 고운 피륙같은 게 걸리면
내 옷감 지어주면 좋을 것 같아
눈 가득 호사로 눈물겹다

가난으로 안아주는 이 없이
내 몸 여기저기 쿨쿨히 나던
역한 냄새로 고개 숙일 때면
심장소리도 너무 약해졌지

스러진 것 같은 시간들이
여기저기서 절리고 아팠던
퇴행성 연골들이 놀라
근력이 생겨나기 시작해

일곱 가락에 걸터 앉아
목놓아 소리치고 싶지
야! 신난다

두레박

오래된 샘에서
두레박질을 한다.

둔탁한 소리 내며
턱턱턱 물에 닿았다.

줄을 채서 기울였으나
엎어지지 않고

둥둥 뜨는 듯
앞뒤 없이 떠 있어
내려치듯 채니까

무겁게 엎어져
물이 채워지는 듯해서
끌어올려 보는데

질질 물이 새어
두레박 손잡이 잡으니
무겁기만 하고

길어 올린 물은
한 바가지 쯤
나이 먹은 두레박

내 허리 아래
엉치가 아리다

묵도

　강가를 가보면 강물도 뭐라고 출싹거리며 하늘에 올리는 기도가 있다　안개 자욱한 새벽 백사장에는 자라, 참게 어떤 벌레들도, 그 몸을 끌고 자욱을 내며 올리는 기도가 그려져 있다　속으로 하는 기도는 하늘에 닿지 않을거라 생각하며 기도하지 못한 기도도, 질러내듯 마음으로 패이게 하면, 소망의 꽃이 내 발 앞에 강물 철석거리며 온다　기도로 만나지 못하는 사람도, 돌아올 수 없는 강을 건너간 사람도, 마음 부비듯 문지르면, 기도가 하늘에 닿는다　백사장을 헤매고 싸돌아다니면 별이 쏟아져, 묻힌 조용하고 정감 있는 언어가 들린다　죽도록 기도하고 쉬지 말고 기도하면, 그것보다 더 힘찬 노래는 없다　늑대가 집에 들어와 코를 골고, 달빛이 하늘에서 뜀박질이 끝나도, 내 숨결의 끝을 향하여 짐승 같은 눈을 두리번거리며, 창문을 열고 곱고 순한 소리로 언덕을 세차게 오르듯 뭐라고 자꾸 기도하고 싶다

오월성전

　키가 크고 힘도 셌다 팔씨름을 해도 이길 사람이 없었다 가난해서 집터 하나 얻지 못해 남의 종중산, 그것도 그의 인심 때문에 산 중턱에 뗏장을 떠다가 집을 짓고, 갈대로 지붕을 덮고, 청솔가지를 때서 밥을 지었다　뻐꾸기 소쩍새 비둘기떼가 그의 지붕 위를 무시로 휘돌아 날았다　남의 일이면 두말 없이, 무슨 일이든 돈보다 일을 한다는 것만으로 좋아했다　뒷독을 퍼내든 눈두렁을 쌓는 일이든 장작을 패는 일이건 가리지 않고 다 해 주었다　술을 좋아해서 술만 마시면 표정이 온화했다　술을 마셔도 주정도 없었다　오래된 구체증이 있어서 소다통을 늘 가지고 다니며, 밥을 먹고 양철 뚜껑으로 두 뚜껑씩 먹었다　위를 깎는다는데, 돈이 없어 위암이라도 걸려야 하겠지만 걸리지 않았고, 하나님의 공평한 은혜인지 60년을 그렇게 먹어도 아무 상관 없었다　마음이 고운 아내를 맞았다　알아 듣기는 웬만큼 하는데, 소리 한번 지르지 않고 말을 할 때만 손이 더 바빴다　반찬 투정 한번 없고, 옷이 어때도 좀 더 오래 입든가, 자기가 꿰매서 입었다　어른이면서 어른도 아니었다　호령도 안하고 애들과도 잘 어울려 주었고, 깔보고 놀리지는 않았다　단 칸 방에 살다가 사위를 보던 첫날밤도 한 방에서 잤다　자다가 사위 다리가 넘어와 걸렸어도, 말 없이 돌아 눕고 이튿날도 모른 체했다 산과 별의 정기를 따라 자식들을 만들었다 그의 고운 마음처럼 딸은 다 예쁘고 아들은 모두 착했다 가르치진 못했지만, 그래도 나가서 보일러 고치고 그럭저럭 잘 산단다 어려운 살림이지만 어렵게 살지 않고 밝게 살았다 늘 그만한 표정으로 걱정도, 질투도, 다툼도, 서러움도 없었다 술이 취하면 비틀거리며 팔자걸음을 하고 걸어 올라 다녔다 사랑방에 목침을 베고 이야기 책을 읽으면 사람들은 침을 삼키고, 지나는 행인까지 기웃거렸다 옥단춘전 옥루몽 등 육전 소설을 몇 날 몇 밤 읽어 댔다 창호지 불빛에 흘러나오던 소리가 지금도 어른댄다 초가집을 해이을 때, 지붕 날망에 덮는 용구새를 잘 틀고, 똥장군을 지게에 지고 산만한 나뭇짐 지고, 비탈산을 오르던 오월성 영감 죽을 때도 병도 없이 아쉬운 말 한 마디 없이, 작별의 눈물만 흘리고, 짚불 사그라지듯 눈을 감았단다 지금은 산 밑 집터만 있고 이름 모를 잡초만 무성하다 산중턱이라 바람은 세지만, 별빛도 더 푸르게 쏟아지던 집터였다 그 빛이 지금은 마음에 뜨거운 화롯불이 되어, 이즙잖을 때마다 자연인의 그 모습으로 떠오른다

낙화

18세기 영화를 다 누리고
그 굳센 성벽 다 허물고

눈물도 이젠 형식이 되어
그 빛난 도포 자락에
세기를 바꾸는 이념
꽃비로 흩어 내린다

지난 영화는
깨진 기와조각으로
발 끝에 채이는데

눈이 빠지게 보고 싶은
떠나고 없는 것들

작은 열매로 지어져도
아픔을 말할 수 없어
허벅지에 멍이 더 든다

눈가에 짓이겨
말라붙은 영화는
세 날의 북소리로 울려오지만
새침한 눈빛 흘리면서
그렇게 저문다

암각화

큰 것은 그렇게 크고
날개 끝에 발톱이 있고
살았던 무한 시간 위
그 시절 소설책이다

질문이 필요없는
동요하던 바람이
지금도 불어나온다

비가 오거나
지진이 나면
뜻 모를 언어들이
꿈틀대며 튀어나온다

나무와 공룡과 턱이 긴
원시인이 걸어나온다

철석거리는 파도의
온 몸체가 지껄이던 소리

생김 같이 언제나
똑같은 말은 아니고

바람이 많아지고
흔들림이 많으면
다른 날들의 말소리가
여러 사투리로 들린다

지금도 뜻 모를 말
당신과 나 사이에
암각화로 쌓인다

그리움의 무늬

유재봉 시선집